Género Texto expositivo

Pregunta esencial

¿Qué cambios en el medioambiente afectan a los seres vivos?

AMENAZA PARA LOS OCÉANOS

KEN BENN

INTRODUCCIÓN

Las algas son **organismos** sencillos parecidos a las plantas que generalmente viven en el agua. Se encuentran en todas partes del mundo. Las algas varían de tamaño. Algunas son **plancton** diminuto y otras son enormes algas marinas de más de 200 pies de largo.

Muchos tipos de algas son inofensivos, pero algunas algas son peligrosas para los humanos y los animales. Si la población de algas crece mucho en un lugar, esa zona cambiará de manera que nada más crecerá allí.

Don Johnston/age fotostock/Getty Images

Algunas veces, los cambios en el entorno favorecen a las algas. Las poblaciones muy grandes se llaman "floraciones de algas". Estas han ocurrido a lo largo de la historia. En cierta época del año, en muchas regiones ocurren con regularidad.

Algunos científicos están preocupados porque estas floraciones están ocurriendo con más frecuencia y por más tiempo. Las floraciones son notablemente más grandes. A los científicos les inquieta el impacto que tienen las floraciones en la **ecología** de los océanos, lagos y ríos.

Las floraciones de algas pueden cubrir muchas millas.

Eyerress News EyePress/Newscom

CAPÍTULO 1 ¿QUÉ SON LAS ALGAS?

Las algas han existido desde hace muchísimo tiempo. La evidencia fósil sugiere que pudieron haberse originado hace más de 2 mil millones de años.

La mayoría de las especies se encuentran en mares, lagos y estanques. Por lo general, las algas que viven en la tierra necesitan condiciones húmedas.

Al igual que las plantas, las algas pueden tener una estructura simple o compleja. Pueden tener una o muchas células. Las algas más pequeñas son el fitoplancton microscópico. Las especies más grandes son las algas marinas. El kelp crece más de 200 pies.

Sin embargo, las algas no son plantas porque carecen de raíces, tallos y hojas.

Las algas tienen diversas formas y tamaños. Necesitas un microscopio para ver estas algas.

Stephen Durr

Las algas son una parte importante de la **red trófica**. Los peces y otros animales acuáticos comen algas. Sin embargo, las algas no comen otros seres vivos.

Las algas producen alimento con el mismo mecanismo de las plantas. Este proceso, llamado **fotosíntesis**, usa la energía del sol para transformar el dióxido de carbono y el agua en alimento. Las algas y las plantas liberan oxígeno como parte de este proceso. La mayor parte del oxígeno que respiramos proviene de las plantas. Las plantas y los animales acuáticos usan el oxígeno que producen las algas.

Una relación en la que todos ganan

Algunas algas dependen de otros organismos. Por ejemplo, algunas crecen dentro de esponjas marinas. La esponja toma el oxígeno y los nutrientes que producen las algas. Las algas están a salvo de los depredadores. La palabra para esta relación en la que todos ganan es *simbiótica*.

Esta alga roja y la esponja se benefician de su relación simbiótica.

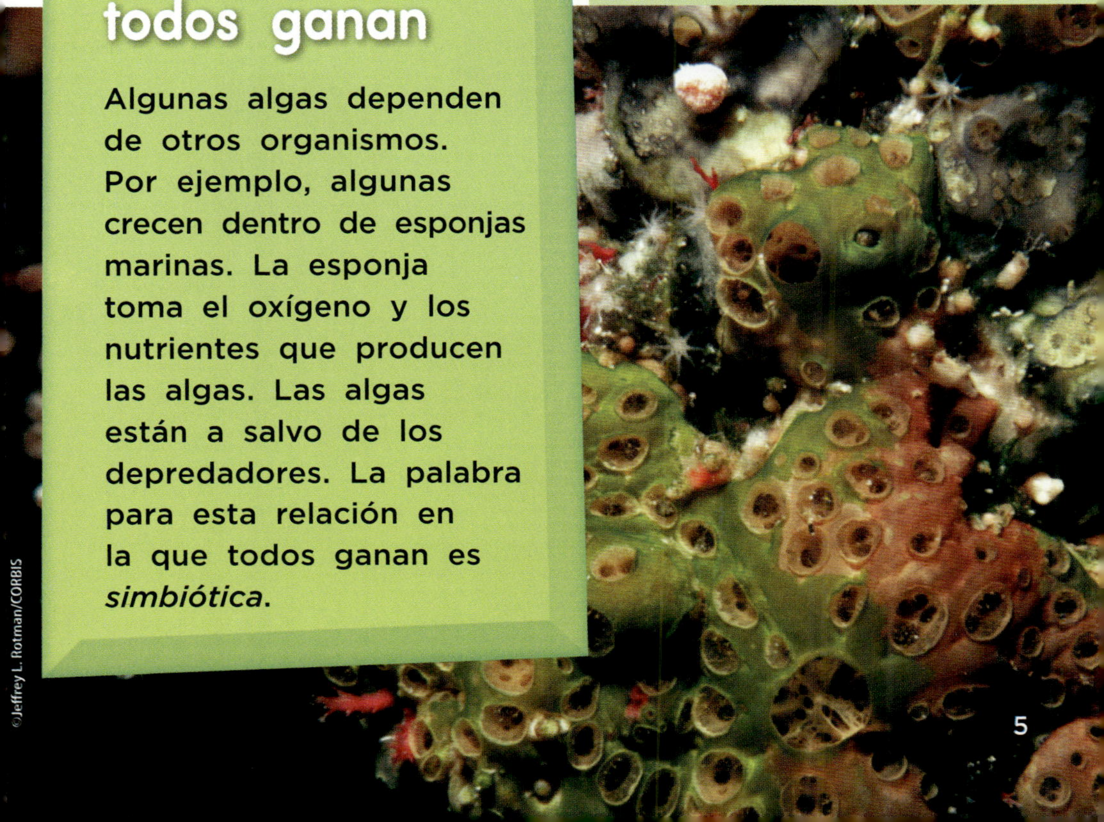

Las algas viven en casi todos los medios acuáticos. Cuando hay estabilidad en un **ecosistema,** las especies están en equilibrio. Sin embargo, los entornos acuáticos pueden cambiar fácilmente. Si las temperaturas del agua son más cálidas o hay más dióxido de carbono, podría haber un aumento rápido de algas. Las floraciones de algas incluso cambian la apariencia del agua.

En 2010, una floración de algas cubrió 7,700 millas cuadradas frente a la costa de China. Fue un serio peligro para la salud de las personas que vivían allí.

STR/AFP/Getty Images

Un satélite tomó esta fotografía de una floración de algas frente a la costa de Florida.

Algunos tipos de algas se ven como lodo que flota en la superficie. Con frecuencia, hacen que el agua se decolore.

Estas floraciones ocurren cada año en muchas partes del mundo. Con frecuencia, duran uno o dos meses antes de desaparecer. Sin embargo, variaciones inusuales en el entorno donde viven causan floraciones tan grandes que se ven desde los satélites en el espacio. Tales "superfloraciones" pueden durar muchos meses. Una ocurrió en el mar Antártico en febrero de 2011, y otras se formaron frente a la costa de China y en el mar Báltico en 2010.

AHORA COMPRUEBA

¿En qué tipos de entornos crecen las algas? ¿Cómo producen las algas su alimento?

CAPÍTULO 2

¿QUÉ CAUSA LAS FLORACIONES DE ALGAS?

Las algas necesitan **nutrientes**, dióxido de carbono, agua y luz del sol para crecer. Generalmente, cualquier cambio en el suministro de estos elementos es gradual. Sin embargo, los cambios ambientales repentinos hacen que las poblaciones de algas aumenten o disminuyan rápidamente.

A veces las corrientes oceánicas traen agua de las profundidades del océano a la superficie. Esta agua es rica en nutrientes. Aumenta la disponibilidad de nutrientes para las algas, y se puede formar una floración.

El océano absorbe y almacena gases provenientes de la atmósfera. Cuando los niveles de dióxido de carbono (CO_2) aumentan en la atmósfera, gran parte de este terminará en el océano. Esto también podría iniciar una floración de algas.

Detective del lenguaje	Busca dos adverbios terminados en -<u>mente</u> en esta página.

Eventos naturales como las erupciones volcánicas liberan CO_2 a la atmósfera. Los volcanes submarinos también depositan CO_2 directamente en el océano.

La Tierra recibe su energía del sol. Las tormentas solares, o erupciones solares, liberan grandes cantidades inusuales de energía, o calor, a la Tierra, lo cual eleva la temperatura de la atmósfera.

Los cambios en la temperatura de la atmósfera afectan la temperatura de los lagos, ríos y océanos. Como resultado, las colonias de algas pueden aumentar. El clima cálido y soleado es una condición ideal para las floraciones de algas.

Cuando los volcanes submarinos hacen erupción, liberan CO_2 en el océano y en la atmósfera.

Dana Stephenson/Stringer/Getty Images

Muchos científicos creen que la actividad humana cambia el medioambiente y ocasiona más floraciones de algas. La evidencia sugiere que los niveles de CO_2 en la atmósfera han aumentado mucho en los últimos 100 años.

El aumento en el uso de **combustibles fósiles** es probablemente una causa de esto. En el transporte, la industria y la producción de energía se queman combustibles fósiles como carbón, petróleo y gas.

Muchos países están introduciendo controles más estrictos para reducir la contaminación del aire que causa la industria.

James Jordan Photography/Flickr/Getty Images

Una atmósfera más caliente lleva a un tiempo atmosférico más extremo. Las tormentas y lluvias fuertes causan inundaciones. Los químicos que se usan en la agricultura llegan a las aguas dulces y luego al mar. Las alcantarillas se desbordan durante las inundaciones. Las algas necesitan nutrientes para crecer. Los nutrientes de la escorrentía proveniente de la agricultura y de las aguas sucias dan inicio a una floración de algas.

AHORA COMPRUEBA

¿Qué causas de las floraciones de algas son naturales y cuáles son el resultado de actividades humanas?

¿Qué es el efecto invernadero?

La Tierra recibe casi toda su energía del sol. Si esta energía no regresa al espacio, la Tierra se calienta.

Los gases invernadero, como el CO_2 y el vapor de agua, evitan que parte de la energía escape al espacio, lo que hace que la atmósfera de la Tierra se caliente.

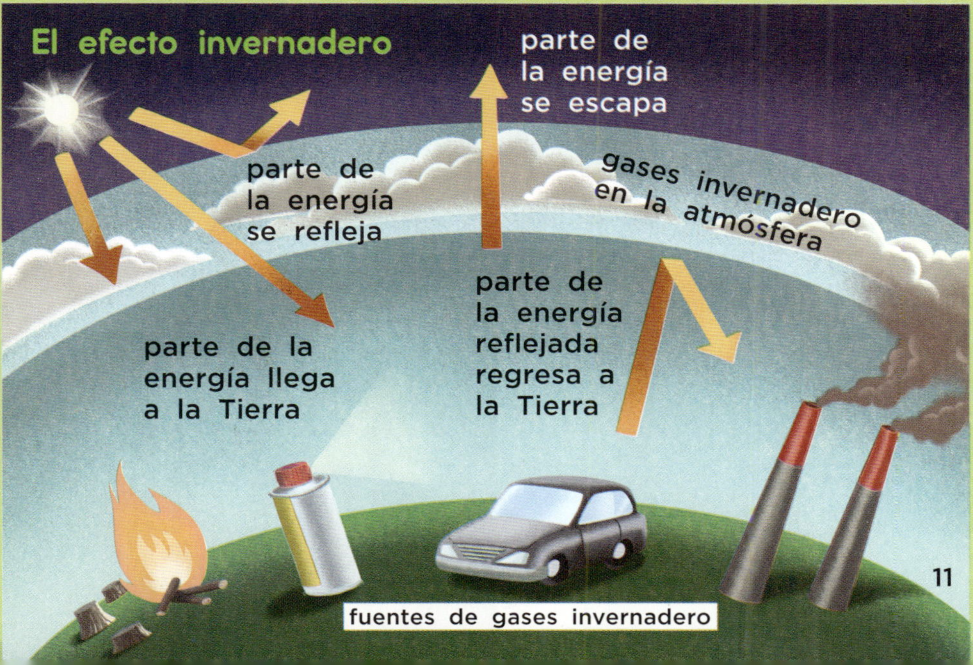

Illustration: Carlos Aon

CAPÍTULO 3

¿POR QUÉ NOS DEBERÍAMOS PREOCUPAR?

NASA image by Jeff Schmaltz, MODIS Rapid Response Team, Goddard Space Flight Center

RIESGOS PARA LA SALUD

Algunas floraciones decoloran el agua. Pueden afectar el turismo de las áreas costeras. Sin embargo, otras algas invaden a los crustáceos y entran en la red trófica. Las personas que comen alimentos del mar afectados por una floración llamada "marea roja" pueden enfermarse gravemente, e incluso morir.

Las tormentas de polvo llevan nutrientes desde la tierra hacia el océano.

Las tormentas de polvo en el desierto de Marruecos vierten grandes cantidades de hierro en el mar. Los científicos creen que esto promueve floraciones de algas y una bacteria oceánica peligrosa llamada *Vibrio*. El *Vibrio* se relaciona con enfermedades mortales como el cólera.

Las personas pueden sufrir irritación de ojos, nariz y garganta después de nadar cerca de estas floraciones. Respirar el aire de las floraciones puede tener el mismo resultado. Los científicos están estudiando los peligros que presentan para la salud. En Florida un estudio compara la salud de los salvavidas antes y después de una floración de algas allí.

Algunas algas pueden afectar a las aves y a otros animales.

Detective del lenguaje

La palabra subrayada es un adverbio de lugar. Busca en esta página otro adverbio de lugar.

ZONAS MUERTAS

Una floración de algas cambia la ecología de una masa de agua. Puede acabar con otras especies. Las algas no viven mucho tiempo. Al morir y pudrirse se suman a la materia en descomposición.

Una floración de algas extrema crea lo que se conoce como una "zona muerta", donde no hay vida. Algunas zonas muertas miden menos de 1 milla cuadrada. Sin embargo, hay una zona muerta en el Golfo de México del tamaño del estado de Nueva Jersey.

Entonces, ¿cómo puede crear una floración de algas una zona muerta?

De día, las algas toman dióxido de carbono y producen oxígeno. De noche, cuando no hay luz solar, las algas consumen oxígeno. La descomposición de las algas también consume oxígeno. Entonces, bajan los niveles de oxígeno en el agua.

Los peces se van cuando los niveles de oxígeno son bajos. Sin embargo, muchas criaturas, como los crustáceos, no se pueden ir porque están pegadas a las rocas y los arrecifes. Sin oxígeno suficiente mueren, y un área del océano o de un lago se convierte en una zona muerta.

Algunos científicos creen que el calentamiento de la atmósfera de la Tierra causará más floraciones de algas y zonas muertas.

AHORA COMPRUEBA

¿Cuál es la diferencia entre una floración de algas y una zona muerta?

Una floración de algas tóxicas mató muchos peces en este lago de Texas en 2011.

CONCLUSIÓN

La ecología del planeta Tierra siempre está cambiando. Los ecosistemas se ajustan a los cambios pequeños en su entorno. Sin embargo, los cambios a gran escala pueden ser muy dañinos. Algunas poblaciones de plantas y animales pueden aumentar de repente, mientras otras decaen o retroceden.

Una sobreabundancia de nutrientes o de dióxido de carbono causa floraciones de algas. Las temperaturas cálidas son otro factor. Las floraciones grandes terminan cambiando el medioambiente.

Un ecosistema en equilibrio se adapta a los cambios que sufre su entorno, como las variaciones diarias en la temperatura del agua.

Digital Vision/Getty Images

Algunas floraciones son peligrosas para los seres humanos. Otras son inofensivas aunque se vean muy feas.

Las floraciones de algas son una parte natural de la ecología. Han estado ocurriendo durante mucho tiempo. Sin embargo, las temperaturas más cálidas y la abundancia de nutrientes en el agua hacen que aumenten. Algunos científicos creen que la industria y la agricultura ayudan a crear estas condiciones.

Si nos preocupamos por el medioambiente, podremos mantener los ecosistemas en equilibrio. Si lo protegemos mejor, es posible que podamos limitar las floraciones de algas dañinas en el futuro.

Cuando las alcantarillas desaguan en el océano, agregan más nutrientes al ecosistema marino.

Pix/Alamy

Respuesta a la lectura

Resumir

Usa detalles clave de *Amenaza para los océanos* para resumir lo que aprendiste acerca de las floraciones de algas. Usa el organizador gráfico como ayuda.

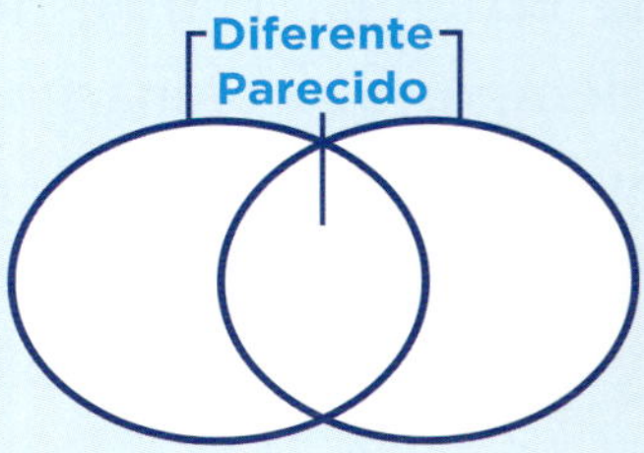

Evidencia en el texto

1. ¿Cómo te ayudan las características del texto en la página 5 a identificarlo como un texto expositivo? ¿Cómo te ayudan a entender la información? **GÉNERO**

2. ¿En qué se parecen y en qué se diferencian las algas y las plantas? ¿Qué palabras clave usa el autor para hacer esta comparación en las páginas 4 y 5? **COMPARAR Y CONTRASTAR**

3. ¿Qué significa la palabra *estructura* en la página 4? Usa claves de contexto en el párrafo para entender el significado. **CLAVES EN EL PÁRRAFO**

4. Compara un cuerpo de agua antes y durante una floración de algas. Asegúrate de incluir detalles del texto en tu respuesta. **ESCRIBIR SOBRE LA LECTURA**

Género **Texto expositivo**

Compara los textos

Lee acerca de cómo una enorme cantidad de basura afecta la vida en el océano.

Basura a la deriva

Imagina que alguien vació un cubo de basura en la piscina de tu vecindario. ¡Probablemente no querrás nadar en ella! Sin embargo, a diario, la gente arroja basura en los océanos donde viven peces y otros animales marinos.

Los científicos han estudiado la basura que flota en el océano entre California y Hawái. Han encontrado que hay suficiente basura para ¡cubrir dos veces el estado de Texas! Han encontrado cosas como plásticos, flotadores y redes de pesca.

Las corrientes oceánicas transportan basura desde la costa hacia el centro del océano Pacífico.

Corrientes oceánicas del Pacífico

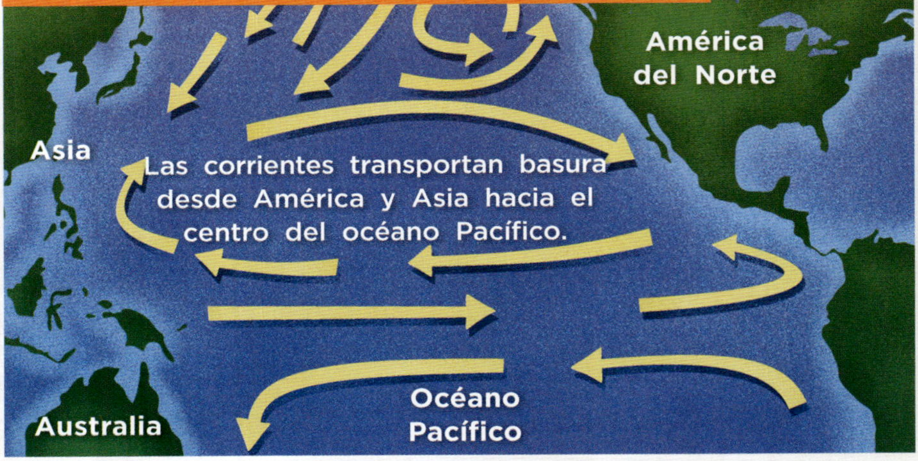

Este montón de basura a la deriva no viene solo de una región cercana. Las corrientes oceánicas transportan basura de todo el mundo.

Los científicos estiman que al año se producen aproximadamente 260 millones de toneladas de plástico. Hasta un diez por ciento termina en el océano. Los biólogos están investigando el impacto del plástico sobre las especies oceánicas.

Los peces y las aves a menudo confunden los trozos pequeños de plástico con comida. Como resultado, mueren. Las bacterias y los residuos químicos que quedan en los recipientes y envolturas de plástico también causan daño.

Illustration: Carlos Aon

Es difícil limpiar la basura del océano. A veces, retirarla puede incluso causar daño a las especies marinas. Por ejemplo, peces y cangrejos pequeños convierten los vasos de polietileno hundidos en su hogar. Usar una red para recoger este tipo de basura puede matar a dichas criaturas.

La investigación muestra que la basura que flota en el océano puede afectar diferentes especies. Sin embargo, aún no sabemos cuánta basura llega al fondo oceánico. Además, no sabemos qué impacto tiene esta basura. Aún hay mucho por aprender acerca de los ecosistemas marinos.

Los mamíferos marinos grandes y las aves se enredan en la basura y se ahogan.

Haz conexiones

¿Cómo afecta a los seres vivos la basura que flota en el océano? **PREGUNTA ESENCIAL**

¿En qué se parece la basura de *Basura a la deriva* a las floraciones de algas en *Amenaza para los océanos*? ¿En qué se diferencia? **EL TEXTO Y OTROS TEXTOS**

Glosario

combustible fósil combustible, como carbón, petróleo y gas, que se formó cuando se pudrieron animales y plantas antiguos ***(página 10)***

ecología ciencia que estudia cómo los seres vivos interactúan con su entorno ***(página 3)***

ecosistema relación entre los seres vivos y el entorno físico donde viven ***(página 6)***

fotosíntesis proceso por el cual plantas y organismos parecidos a estas producen su propio alimento, usando la energía del sol para transformar el agua y el dióxido de carbono en comida ***(página 5)***

nutriente sustancia que ayuda al crecimiento de las plantas y los animales; alimento ***(página 8)***

organismo ser vivo como plantas, animales y algas ***(página 2)***

plancton plantas y animales diminutos que viven en el océano ***(página 2)***

red trófica los caminos de energía que dentro de un ecosistema unen a las plantas y los animales en cadenas alimentarias ***(página 5)***

Índice

Enfoque:
Ciencias

Propósito Mostrar cómo las floraciones de algas afectan a otros seres vivos

Procedimiento

Paso 1 Con un compañero o una compañera, investiga una floración de algas que haya ocurrido en los últimos cinco años.

Paso 2 Selecciona un tipo de floración de algas para investigar. Busca las causas y los efectos de la floración. ¿En dónde ocurrió? ¿Qué impacto tuvo en los animales marinos y las aves? ¿Qué otra cosa ocurrió por la floración de algas?

Paso 3 Haz un diagrama o un cartel que ilustre la floración de algas. Muestra las causas y los efectos en el diagrama. Sé creativo e incluye muchos detalles. Usa características como rótulos en el diagrama.

Paso 4 Presenta tu cartel a la clase.

Conclusión ¿Qué aprendiste sobre cómo los seres humanos afectan a los océanos? ¿Qué pueden hacer las personas para evitar las floraciones de algas?